BEI GRIN MACHT SICH IHR WISSEN BEZAHLT

AF148897

Eva Maria Beier

Rezension und Reflexion zu "Wörter und Wendungen: Kennen – Lernen – Können" von Helmuth Feilke

GRIN Verlag

Bibliografische Information der Deutschen Nationalbibliothek:

Die Deutsche Bibliothek verzeichnet diese Publikation in der Deutschen National-
bibliografie; detaillierte bibliografische Daten sind im Internet über http://dnb.d-
nb.de/ abrufbar.

Impressum:

Copyright © 2009 GRIN Verlag GmbH
Druck und Bindung: Books on Demand GmbH, Norderstedt Germany
ISBN: 978-3-656-51461-9

Dieses Buch bei GRIN:

http://www.grin.com/de/e-book/262384/rezension-und-reflexion-zu-woerter-und-
wendungen-kennen-lernen-koennen

Justus-Liebig-Universität Gießen
Seminar:
Einführung in das Studiengebiet Sprache

Rezension und Reflexion "Wörter und Wendungen: Kennen – Lernen – Können" von Helmuth Feilke

Eva Maria Beier

Inhaltsverzeichnis

1. Einleitung

„Gibt es ein Rezept für eine richtige Rezension?"

Diese Frage stellte eine Kommilitonin am Anfang des Schreibprozesses der Rezension. Doch scheint diese zunächst nicht überflüssig?

Einleitung, Hauptteil, Schluss und, wie der Name schon sagt, ein Teil der Rezension – so könnte eine voreilige Antwort auf die Frage sein. Doch steckt hinter der Frage nicht viel mehr? Schon bei kleineren Problemen wie zum Beispiel der Frage, welchen Modus man verwendet, scheiden sich die Meinungen. Weiterhin besteht die Frage, inwieweit der Autor der Rezension seine Meinung zum Originaltext äußern darf. Ist es erlaubt, mitten im Text zu rezensieren oder ist es besser, dies abschließend am Ende des Textes zu vollziehen? Schon diese Aspekte zeigen, dass die Frage keinesfalls so einfach zu vernachlässigen ist.

Je differenzierter und vielseitiger die Fragen und Probleme zu diesem Thema sind, desto enttäuschender ist auch die ernüchternde Antwort, dass es tatsächlich kein Patentrezept für eine Rezension gibt. Vielmehr gibt es Texte, die stilistisch mehr oder weniger gelungen sind. Natürlich gibt es Regeln, wie zum Beispiel die der grammatischen und semantischen Korrektheit oder die der Abgeschlossenheit. Andere Punkte hingegen sind oftmals, so laienhaft es sich anhören mag, Geschmacksache und fordern den Autor heraus, eine optimale Lösung zu finden.

Diese Antwort im Gedächtnis behaltend begann der Schreibprozess der Rezension zu dem Text „Wörter und Wendungen: Kennen – Lernen – Können" von Helmuth Feilke. In mehreren Etappen wurden die Texte von Kommilitoninnen und Kommilitonen überarbeitet und besprochen. Schon bei diesen Diskussionen stellte sich heraus, dass es nicht die eine Rezension gab, sondern es vielmehr galt, seine eigene zu optimieren.

In dieser Seminararbeit werde ich meinen eigenen Schreibprozess reflektieren und kommentieren. Dabei stütze ich mich besonders auf die Veränderung meines Schreibprodukts durch das Feedback meiner Kommilitonen und Kommilitoninnen und die Besprechung zur Rezension im Seminar. Des Weiteren präsentiere ich Aspekte, die mir bei der Arbeit am Text besonders interessant oder schwierig erschienen.

2. Reflexion und Kommentar zum eigenen Schreibprozess

2.1. Rezension 1 => Rezension 2

Der Schreibprozess der Rezension begann mit dem Verfassen einer Zusammenfassung des Textes „Wörter und Wendungen: Kennen – Lernen – Können" von Helmuth Feilke.

Mit einer Einleitung versuchte ich, einen groben Überblick über den Text zu geben. Dann ging ich kapitelweise vor und arbeitete mich auf diese Weise durch den Text. Dabei habe ich beachtet, Wichtiges von Unwichtigem zu trennen und mich auf den Kern zu konzentrieren. Schon dabei entstanden Schwierigkeiten und die Frage kam auf, in welchem Modus diese Zusammenfassung zu schreiben sei. Ich orientierte mich bei meiner ersten Fassung am Konjunktiv.

Bei der ersten Besprechung im Seminar beschäftigte ich mich mit einem Kommilitonen kritisch mit dem Text. In meiner Überarbeitung konzentrierte ich mich vor allem darauf, Sätze zu kürzen, zu vereinfachen und umzustrukturieren. Dies bedeutete, dass ich aus einem langen, verschachtelten Satz zwei kürzere bildete. Damit wurden die Aussagen klarer und verständlicher. Außerdem versuchte ich beim zweiten Überarbeiten, komplexe Aspekte auf eine einfachere Ebene herunter zu brechen, was die Wichtigkeit einzelner Aussagen besonders hervorhob. Hinzu kam, dass ich meine Wortwahl überarbeitete und für den jeweiligen Kontext passendere Formulierungen fand. Zuletzt fielen mir bei genauerem Lesen ein paar wenige Rechtschreib- und Zeichensetzungsfehler auf.

2.2. Rezension 2 => Rezension 3

In einer zweiten Fremdbewertung erhielt ich ein schriftliches Feedback einer Kommilitonin. Besonders hilfreich war dabei, dass sie ebenso präzise wie kritisch meinen Text beurteilte. Die Kritikpunkte betrafen sowohl Stil als auch Form und Inhalt.

Zuerst optimierte ich meine Einleitung, indem ich den Autor gleich an erster Stelle erwähnte. Ich war noch nicht ganz davon überzeugt, wollte es aber erst einmal so stehen lassen. Außerdem versuchte ich in meinen Ausführungen exakter zu werden und schon in der Einleitung auf den Punkt zu kommen. So beschrieb ich nicht nur die Problematik und Bedeutung Feilkes Text, sondern gab schon eine Übersicht über seine Intentionen. Dadurch wird dem Leser schon in der Einleitung ersichtlich, worum es sich bei dem Text handelt und welches Ziel der Autor damit verfolgt. Weiterhin berichtete ich einen Fehler in der Einleitung, der den Erscheinungszeitpunkt des Artikels betraf. Grund dafür war, dass der Artikel noch nicht erschienen war, ich ihn aber als bereits erschienen darstellte. Korrekterweise wies mich meine Kommilitonin darauf hin.

Was die Veränderung der Form meiner Zusammenfassung betrifft, achtete ich darauf, wann es wirklich sinnvoll war, Absätze einzubauen und wann es besser war, Absätze zu streichen. Dabei ging ich so vor, dass ich für jedes Kapitel einen kurzen Überblick gab, einen Absatz einfügte und dann die wichtigsten Punkte in einem Absatz zusammenfasste. In meiner zweiten Rezension hatte ich viel mehr Absätze, was beim Leser der Rezension wohl zu Unsicherheiten im Verständnis und Desorientierung im Textzusammenhang geführt hätte. Nun war eine klare Struktur ersichtlich.

Besonders hilfreich war es auch, dass ich meinen Text noch einmal inhaltlich Schritt für Schritt analysierte. Inhaltlich ist mir nämlich ein Fehler unterlaufen, der sich auf den Aspekt des Isolierens und Semantisierens bezog. Nach wiederholtem Lesen des Originaltextes, berichtigte ich meinen Fehler.

Auch in dieser Überarbeitungsphase fand ich bessere Formulierungen und Ausdrucksweisen, die das Lesen vereinfachten und das Verständnis verbesserten.

Anderen Kritikpunkten meiner Kommilitonin ging ich zwar nach, setzte aber nicht alle um, da mir vieles nicht ersichtlich war. So ging ich zum Beispiel nicht näher auf die Beschreibung des „mentalen Lexikons" ein, was meiner Meinung auch verständlich genug beschrieben war. Außerdem bemerkte sie, dass ich das Wort „häufig" vermehrt genutzt hätte. Dabei konnte ich ihr nicht zustimmen, da es im gesamten Text nur zweimal vorkam. Worüber sich meine Kommilitonin und ich auch nicht ganz sicher waren, waren die Literaturangaben in der Zusammenfassung. Genügt eine Seitenzahl oder wird eine Fußnote mit den vollständigen bibliographischen Angaben hinter das Zitat gesetzt? Ich wählte dabei die erste Variante und setzte nur die Seitenzahlen hinter die jeweiligen Zitate, da ja für den Leser offenkundig ist, dass die zitierte Stelle aus dem Originaltext stammt. Später informierte ich mich bei Frau Prof. Dr. Lehnen, die uns die korrekte Zitierweise, nämlich die amerikanische, angab. Somit änderte ich auch diesen Fehler.

Über diese Kritik meiner Kommilitonin war ich sehr dankbar, da sie mir doch kritisch aufzeigte, was bei meiner Zusammenfassung noch optimierungsbedürftig war.

2.3.   Rezension 3 => Rezension 4

Die Überarbeitung meiner dritten Rezension betraf ein paar Kleinigkeiten. Da ein Teil meines Textes im Seminar besprochen wurde, konnte ich hieraus hilfreiche Kritik annehmen.

Dies betraf einerseits die Schreibung von Namen. Zuvor hatte ich bei Nennung des Autors „H. Feilke" verwendet. Dies änderte ich auf „Feilke" um, da das H. sowohl unnötig war, als auch den Lesefluss störte. Zudem bearbeitete ich zwei Ausdrucksfehler in meiner Rezension. Hierbei handelte es sich zum einen um den Ausdruck „sei seiner Meinung nach" und zum anderen um den Ausdruck „beunruhigend stellte H. Feilke [...] heraus". Der Fehler bei dem ersten Ausdruck war, dass es sich bei „seiner Meinung nach" schon um die Kennzeichnung einer indirekten Rede handelte. So berichtigte ich „sei" zu „ist". Der zweite Fehler stellte nicht nur einen Ausdrucksfehler dar, sondern veränderte auch den Inhalt. Während sich „beunruhigend" auf die Wirkung auf den Leser bezieht, repräsentiert „beunruhigt" das Befinden Feilkes. Damit soll nun zum Ausdruck gebracht werden, dass Feilke das Kompetenzniveau des Wortschatzes verschieden schwieriger Wörter bei Schülern der neunten Jahrgangsstufe kritisch ansieht. Zuletzt versuchte ich besser herauszustellen, dass Feilke sich in einem Teil seiner Ausführungen auf Kühne bezieht. Dies war vorher nicht ganz offensichtlich.

In der letzten Phase des Schreibprozesses wurde die Zusammenfassung des Textes um eine Rezension ergänzt. Schwierig dabei war, den Text tatsächlich zu bewerten. Für mich bestand die Frage, inwieweit ich mir anmaßen darf, über den Text zu urteilen oder Argumente Feilkes in Frage zu stellen. Hinzu kommt, dass ich als Student nicht die Einblicke in den Entwicklungs- und Forschungsstand der Sprachwissenschaft habe wie Feilke dies hat. Als eine Herausforderung stellte sich auch die Wahl der Platzierung der Rezension im Text. Wäre es besser, diese direkt hinter die zu kritisierende Stelle zu stellen oder besser alles an den Schluss anzuhängen? Ich entschied mich für letzteres, obwohl ich auch versuchte, Feilkes Meinung direkt genauer einzuordnen und zu klassifizieren.

3. Fazit

Interessant an der Arbeit mit der Rezension war für mich, dass es sich hierbei um einen langen Prozess des Arbeitens handelte. Immer wieder wurde verbessert, verändert oder ganze Passagen entfernt. Dadurch, dass man wöchentlich dazu angehalten war, die Rezension Kommilitonen zum Lesen zu geben und mit ihnen darüber zu diskutieren, setzte man sich intensiver mit seiner eigenen Fassung auseinander. Es war keine einmalige Arbeit, die man schrieb, abgab und dann vergaß. Man arbeitete kritisch an ihr und ihrer Verbesserung. Dabei waren die unterschiedlichen Arten des Feedbackgebens sehr hilfreich. Auch die Möglichkeit ein eigenes Feedback zu Rezensionen anderer Kommilitonen abgeben zu dürfen wirkte unterstützend im eigenen Schreibprozess, da man daraus anregende Ideen zog.

Die daraus resultierende Entwicklung meines Schreibprodukts war sehr spannend, da sich die endgültige Fassung sowohl formal als auch inhaltlich und stilistisch sehr von meiner ersten unterscheidet.

Trotz des mehrmaligen Überarbeitens finde ich immer wieder Unstimmigkeiten und Verbesserungsmöglichkeiten in meinem Text. Stets fällt mir zu dem einen oder anderen Punkt eine bessere Formulierweise ein. Würde ich die Rezension nochmals anderen Kommilitonen zum Lesen geben, würden diese sicher auch noch Kritikpunkte finden.

Doch genau dies zeigt, dass eine Rezension immer wieder zu verändern und optimieren ist. Jeder und jede legt seinen Schwerpunkt auf andere Aspekte und hat seinen eigenen Geschmack und Stil. Letztlich ist es wichtig, dass man seinen eigenen Stil beibehält und der Text sowohl eine inhaltliche als auch eine stilistische Einheit bildet. Somit ist die anfangs gestellte Frage auch keineswegs überflüssig, sondern von großer Wichtigkeit. Worüber ich mir vor dem Schreiben noch kaum Gedanken machte, erhielt während des Schreibprozesses an Wichtigkeit und ich fing an, mir über diese Aspekte wie zum Beispiel der Wahl des Modus oder der Art des Zitierens Gedanken zu machen.

Was mir allerdings immer noch Schwierigkeiten bereitet, ist gerade die Frage nach dem Modus. Immer wieder kam ich ins Zweifeln, ob der von mir verwendete Modus nun zutraf oder nicht. Es war schwierig, einerseits die Meinung des Autors wiederzugeben andererseits aber auch zu zeigen, dass man mit der Wahl des Konjunktivs nicht etwa die Absurdität seiner Argumentation ausdrücken möchte.

Schließlich lässt sich zusammenfassen, dass die Arbeit an der Rezension hilfreiche und wertvolle Einsichten in meinen eigenen Schreibprozess brachte und somit langfristig eine Unterstützung bei weiteren Arbeiten sein wird.

4. Rezension

Feilke, Helmuth: Wörter und Wendungen: Kennen – Lernen – Können. In: Praxis Deutsch 218 (2009).

Nicht nur der Beginn der globalen Expansion der deutschen Sprache, sondern schon der Mutterspracherwerb bei Kindern inspiriert die Spracherwerbsforschung an der deutschen Sprache, deren Erwerb und Verwendung zu forschen.

Das Interesse an dieser Forschung resultiert nicht zuletzt aus der mangelnden Sprachkompetenz von deutschen Schulabgängern sowohl beim Sprechen als auch beim Schreiben. Vor allem die aufkommende Thematisierung von Lese-Rechtschreib-Schwäche hat diesem Forschungsfeld eine wichtige Bedeutung beigemessen.

In dem wissenschaftlichen Artikel „Wörter und Wendungen: Kennen – Lernen – Können", der 2009 als Basisartikel in der Zeitschrift „Praxis Deutsch" erscheinen wird, setzt sich der Autor Helmuth Feilke mit der Problematik und der Bedeutung des Lernens von Wörtern und Wendungen auseinander. Dabei zielt seine Intention darauf ab, dass das Erlernen neuer Wörter in einem didaktischen Dreischritt, dem Kennen – Lernen – Können vollzogen wird.

Im ersten Kapitel „Wortschatzerwerb" konzentriert sich Feilke auf die Zusammenhänge des Lernens, des Verstehens und des Gebrauchens neuer Wörter und Wendungen. Sprachliches Lernen ist seiner Meinung nach vor allem das „Lernen von Wörtern und Wendungen" (Feilke 2009: 1). Dabei richtet er sein Augenmerk nicht nur auf das bloße Verstehen, sondern vor allem auf das Gebrauchen neuer Ausdrücke.

Als Ergebnisse der Sprachforschung stellt er heraus, dass der Spracherwerb durch Handlungs- und Textzusammenhängen entsteht und das Primäre dabei die Gebrauchsbedeutung ist. Dabei gehen seine Überlegungen korrekterweise auf die instrumentalistische Zeichenauffassung zurück. Erst durch Reflexion des Gebrauchs von Sprache kann eine lexikalisch-begriffliche Bedeutung erworben werden. So zitiert er beispielhaft Karl Bühler, der erklärt, dass ein Kind beim Spracherwerb sowohl den situationsgebundenen Zusammenhang eines Ausdrucks als auch seinen Zusammenhang in einem anderen Kontext lerne. Nur dadurch sei es fähig, den Ausdruck in neue Zusammenhänge einzubinden. Eine Didaktik, die die lexikalische Kompetenz beim Spracherwerb fördert, ist die „entwicklungsproximale Didaktik" (Dannenbauer, 1992, 166). Damit leitet Feilke zu dem Punkt der „Ausweitung und Restrukturierung der lexikalischen Kompetenz" (Feilke 2009, 3) über, die durch die Schriftlichkeit und dem Lernen aus Texten in Schulen zustande kommt. Dies liegt einerseits am Erwerb des Fachwissens und seiner fächerspezifischen Begriffe, andererseits an den schriftlich geprägten und auf Texthandlungen bezogenen Wortschätzen. Hinzu kommt, dass schriftliche Textsorten durch bestimmte Wendungen gekennzeichnet sind und ein Textsortenprofil charakterisieren. So zieht Feilke den Schluss, dass der Wortschatzerwerb nicht nur bloßer Wörtererwerb, sondern vielmehr die Aneignung der Werkzeuge des Sprechens und des Verstehens von Ausdrücken sei. Der Deutschunterricht selbst werde diesem Thema allerdings nicht hinreichend gerecht. Beunruhigt stellt Feilke deshalb auch das Kompetenzniveau des Wortschatzes verschieden schwieriger Wörter bei Schülern der neunten Jahrgangsstufe heraus. Besonders gravierend sei, dass etwa siebzig Prozent nicht über das einfachste Wortschatzniveau hinauskämen. Somit ist im Bereich der lexikalischen Kompetenz im Deutschunterricht noch Einiges zu verbessern.

Das zweite Kapitel „Lexikalische Kompetenz – im Zentrum des sprachlichen Lernens" setzt seinen Schwerpunkt auf lexikalische Eigenarten.

Gleich zu Anfang erklärt Feilke, dass das sogenannte mentale Lexikon ein sehr dynamisches und ständigen Veränderungen ausgesetztes System innerhalb der Sprachkompetenz ist. Dabei integrieren Wörter und Wendungen das restliche sprachliche Wissen und Handeln. Wörter und Wendungen, die den Ausgangspunkt für das Verstehen von Texten und Äußerungen sind, bilden einen *Wissensrahmen*, der es einfacher macht, einen bestimmten Text zu verstehen. Hinzu kommt das *Textsortenwissen*, das einem Leser ermöglicht, einen Text über bestimmte lexikalische Ausdrücke zu identifizieren. Der dritte Aspekt zum Thema „Lexikalische Kompetenz" ist die *grammatische Konstruktion*, die es erlaubt „auf Textsorte und Handlungsbereich zu schließen" (Feilke 2009, 7). Diese drei Punkte schließen sich weniger aus, als dass sie sich gegenseitig vielmehr stützen und integrieren, um ein Sprach- bzw. Textverständnis zu ermöglichen. So zeigt Feilke am Bespiel des Verbs, dass man durch syntaktische, semantische und pragmatische Valenzen der bekannten Wortkombinationen zu ganz verschiedenen Bedeutungsschattierungen (Konnotationen) kommen kann. Feilkes zweites Fazit lautet demzufolge, dass Wörter und Wendungen stark am Gebrauch derselben orientiert seien und diesem bei einer Didaktik der Wortschatzerweiterung vielmehr Aufmerksamkeit geschenkt werden müsse. Er vermutet, dass der Wortschatz der Muttersprache verloren gegangen sei, weil davon ausgegangen werde, dass die sprachliche Welterfahrung in der Muttersprache unproblematisch sei. Dies ergänzt Feilke mit dem neuesten Stand der Forschung, dass das Augenmerk nun verstärkt auf den Bereichen Wortschatz und Grammatik sowie Wortschatz und Textkompetenzen liegt (Feilke 2009, 9).

Die Potentiale zwischen Grammatik und Text erläutert Feilke in seinem dritten Kapitel. Seiner Meinung nach kann man Grammatik oft sinnvoller vom Wort aus betreiben als mit Hilfe von grammatischen Regeln und Kategorien. Auch wird die gleiche Funktion eines Ausdrucks oft lexikalisch zum Ausdruck gebracht.

Als Beispiele für die Unterschiede zwischen Grammatik und Lexik nennt er die Unterscheidung bei deutschen Grammatiken zwischen Tempus und Temporalität, Modus und Modalität. Dabei sind Tempus und Grammatik zwei grammatische Komponenten, Temporalität und Modalität dagegen zwei Komponenten, die über Wörter und Wendungen funktionierten. Feilke legt sich darauf fest, dass man mit lexikalischen Ausdrücken mehr Differenzierungsmöglichkeiten habe als mit grammatischen. Dabei setzen sich bewährte Satzbildungsmuster durch und werden lexikalisch in grammatischen Konstruktionen gespeichert. So liefern manche Wörter ganze weiterführende Ausdrucksmodelle. Feilkes Meinung zufolge mache der Deutschunterricht davon zu wenig Gebrauch. Bei einer Deutschdidaktik geht es zwar auch um das Nachdenken über Sprache, doch spielen auch zum Fähigkeiten und Fertigkeiten in Bezug auf die Sprache eine wichtige Rolle. Mit dem Beispiel, dass Wörter und Wendungen wie Batterien mit Handlungspotential geladen seien, leitet er zu der textorganisierenden Funktion von Wörtern und Wendungen über. Dabei nennt er beispielhaft das Wort „plötzlich". Anhand dessen zeigt er, dass bestimmte Wörter für eine bestimmte Textsorte charakteristisch sind. Auch sei Deutschunterricht unter diesem Aspekt zu gestalten, dass sogenannte Textwörter gefunden, identifiziert sowie geordnet und weitergebraucht würden.

Im vierten Kapitel widmet sich Feilke dem integrierten Wortschatzgebrauch und den Prozessen seines Erwerbs.

Wörter und Ausdrücke wie in Fremdsprachen vokabelartig zu lernen, scheint für deutsche Muttersprachler unrealistisch. Vielmehr muss man bestimmte Lernmethoden heranziehen. In Bezug auf Wortschatzfragen sei die Reflexion auf Sprache mit Fragen der Wortschatzförderung überfordert und die Potentiale wortschatzbezogenen Arbeitens blieben für weitere Lernbereiche größtenteils ungenutzt. Mit Bezug auf Kühn ist die Erweiterung des Wortschatzes gegliedert durch Semantisierung, Vernetzung und Reaktivierung (Feilke 2009, 13).

Isolieren und Semantisieren – Schon das Auflisten neuer Wörter und Wendungen und das Klären von Verständnisfragen im Deutschunterricht kann Förderung lexikalischer

Kompetenzen darstellen. Andere methodische Mittel sind Gespräche über bestimmte Textmerkmale und Textfunktionen, vergleichendes Lesen, Suchen und Markieren anhand von Beispielen, Aufstellen von Wort- und Ausdruckslisten oder das Nachschlagen in Wörterbüchern. Dabei fallen Schülern schon früh Unterschiede in der Lexik auf.

Variieren und Vernetzen – Elementar bei diesem Prozess ist, dass das Wortschatzwissen in Funktion geht. Das bedeute, dass ein isoliertes Wort in einem anderen Kontext als im vorigen eine andere Funktion erfüllt. Nur dann werden Wörter und Wendungen bedeutsam, wenn klar ist, in welcher Funktion die Wörter stehen oder welcher Funktionsordnung oder Funktionsklasse sie angehören. Durch die Einordnung von Begriffen in Strukturen und Klassen entsteht eine hierarchische Ordnung mit Ober- und Unterbegriffen.

Kontextualisieren und Reaktivieren – Wenn man entsprechende Wörter und Wendungen aus einem Text isoliert und sie zu einer neuen Ordnung zusammenstellt, ist man präpariert für das eigene Schreiben. Dies ist schließlich das Wissen über Wörter und Wendungen.

Feilkes Überzeugung nach sei die Förderung lexikalischer Kompetenzen mit wenig mehr Aufwand, dafür aber mit erheblich größerem Gewinn in allen Lernbereichen des Deutschunterrichts integrierbar (Feilke 2009, 14).

Helmuth Feilke greift mit seinem Artikel „Wörter und Wendungen: Kennen – Lernen – Können" ein aktuelles Thema der Sprachforschung auf. Nicht nur für den Spracherwerb der deutschen Sprache bei Kleinkindern, sondern auch für das Erlernen der deutschen Sprache als Fremdsprache ist er eine gute Einführung in das Thema Spracherwerb. Er ist gut zu lesen und klar strukturiert. Dabei ist der Artikel gleichermaßen für Lehramtsstudenten, Lehrer und Sprachwissenschaftler geeignet. Für diejenigen, die mit dem Thema schon vertraut sind, bringt er wohl kaum neue Erkenntnisse, da vieles auf der instrumentalistischen Sprachauffassung beispielsweise Wittgensteins basiert. Für Laien in diesem Fachgebiet sind die Graphiken und Tabellen besonders hilfreich.

Sehr wertvoll für den Schulunterricht sind Feilkes Kritikpunkte an der didaktischen Umsetzung im Fach Deutsch. Immer wieder stellt Feilke einen Zusammenhang zwischen seinen wissenschaftlichen Überlegungen und Folgerungen und dem deutschen Lehrplan und seiner Durchsetzung her. Dadurch wird deutlich, dass seine Bewertungen nicht auf leeren Ideen, sondern vielmehr auf wissenschaftlichen Theorien und Untersuchungen beruhen. Somit ist sein Appell an den Deutschunterricht unübersehbar.

Zur eigenständigen Weiterarbeit an diesem Thema gibt Feilke unterschiedliche und vielzählige Literatur an.

Der Artikel eignet sich für Lehramtsstudenten, die sich später mit dem Spracherwerb und der mit ihm einhergehenden Problematik zwangsläufig auseinandersetzen müssen. Auch Schüler, die sich näher mit dem Thema des Erwerbs einer Fremdsprache beschäftigen wollen, werden den Aspekt des didaktischen Dreischritts zu schätzen wissen. Besonders wertvoll ist er auch für Lehrer, die die aufgeworfenen Fragen und Kritikpunkte am Unterricht umsetzen und verarbeiten können.

Der Artikel beleuchtet sowohl bekannte Aspekte, liefert aber gleichzeitig auch neue Inspirationen und Anregungen.

Als Einführung in das Themengebiet Spracherwerb ist der Artikel „Wörter und Wendungen: Kennen – Lernen – Können" von Helmuth Feilke durchaus empfehlenswert.

5. Literaturverzeichnis

- Feilke, Helmuth: Wörter und Wendungen: Kennen – Lernen – Können. In: Praxis Deutsch 218 (2009).

- Dannenbauer, Friedrich Michael (1992): Grammatik. In: Baumgartner, S. / Füssenich, I. (Hg.) Sprachtherapie mit Kindern. München/Basel: 123-203.